Corremos

Alma Flor Ada
María del Pilar de Olave

ILUSTRACIONES DE
Ulises Wensell

ADDISON-WESLEY PUBLISHING COMPANY, INC.

Reading, Massachusetts • Menlo Park, California • Don Mills, Ontario
Wokingham, England • Amsterdam • Sydney • Singapore • Tokyo • Mexico City
Bogotá • Santiago • San Juan

A publication of the World Language Division

ISBN 0–201–16582–1
 CDEFGHIJ–WZ–8987

Contenido

1 # Beba, Tito y Nino

Es Beba.

Es Nino.

Es Beba.

Es Nino.

Es Tito.

Beba se asusta.

¡Tito!

Es Tito.

Tito se asusta.

¡Beba!

Es Beba.

NINO

ba

be

bi

bo

bu

Beba y su paloma

Beba tiene una paloma.
Es la paloma Lala.

Lala es una paloma
buena.

Beba le da té
a Lala.

Lala se lo bebe.
Lala es una
paloma bonita.

¡No es una
paloma bobita!

b b b b b B B B B

Fifí

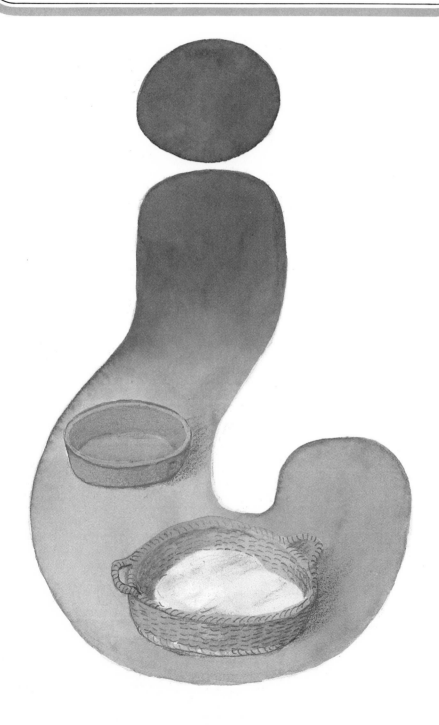

Es de Tito.

Es de Beba.

Es de Nino y Nina.

Es de Fifí.

Fa, fe, fi

Fifí se sube al sofá.

Pide miel,
pide una pelota de lana.

Pide:
—¡Fa, fe, fi, fo, fu,
dame lana, tú!

Pide:
—¡Fa, fe, fi, fo, fu,
dame miel, tú!

f f f f f f f F F F F F

3 Nino y los venados

Papá venado va a la loma.
Ve un pino.

Tito va a la loma.
Ve el pino.
No ve al venado en los pinos.

Mamá venada va a la loma.
Ve las violetas.

Beba va a la loma.
Ve los pinos.
Y ve las violetas.
No ve a la venada.

El venadito va a la loma.
Ve la nave.

Toni va a la loma.
Ve los pinos.
Ve las violetas.
Ve la nave,
la nave de vela.
No ve al venadito.

Nino va a la loma.
Ve los pinos.
Ve las violetas.
Ve la nave de vela.
Ve las uvas

y ve a los venados.

va   vi   vu
ve   vo

Violeta va de paseo

Violeta pasea.
Va andando, no vuela.
Viene una nube.
Violeta ve la nube.

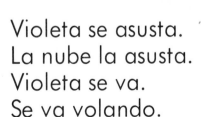

Violeta se asusta.
La nube la asusta.
Violeta se va.
Se va volando.

MAGO
PELO·PALO·PÍ

El gato del mago
Pelo-palo-pí
es un gato vago:
el gato Fifí.

El gato Fifí
es un gato goloso.

El mago se va de paseo
a la loma.

El gato goloso
se sube al sofá.

27

El gatito vago,
subido al sofá,
le pide
al palo del mago:

—¡Sa, se, si, so, su,
dame lana, tú!
¡Pa, pi, po, pu, pe,
dame lana y miel!

Del palo del mago
Pelo-palo-pí
sale miel y lana,
sale lana y miel.

Pelo-palo-pí
viene del paseo.
Le toma una foto
al gatito feo.

ga   go   gu

El gato goloso

El gato del mago
es un gato vago.

El gato del mago
es un gato goloso.

g g g g g G G G

5 ¡Cua cua!

En el lago...

¡Cua cua! ¡Cua cua!
Los patitos en el lago.

En la laguna...

¡Cucú! ¡Cucú!
El sapito en la laguna.

En la loma...

¡Muu! ¡Muu!
La vaca en la loma.

En los pinos...

El venadito en los pinos,
ni un sonido...
nada, nada.

ca

co

canta

cu

Cati, Coco y Nico

Cati canta todo el día:
cucú, cucú.

Coco canta todo el día:
cucú, cucú.

Cati y Coco,
Coco y Cati,
cada día:
cucú, cucú.

¿Y Nico?
Cu cu cu cú.

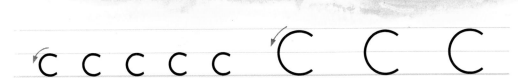

La gallina Picotina

La gallina Picotina
se va caminando sola.
Busca semillas, toma agua,
picotea una amapola...

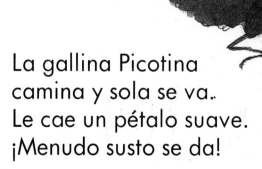

La gallina Picotina
camina y sola se va..
Le cae un pétalo suave.
¡Menudo susto se da!

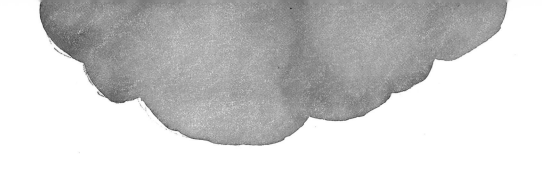

Y llama toda asustada:
—¡Todos al nido, pollitos!
Sólo uno no tiene miedo:
Es el pollito Pío-pío.

Luego llama ella a los pavos,
al gallo, a la vaca, al pato,
a los venados, al sapo,
a Nina, a Nino y al gato.

—¡Es una nube, una nube!
—Picotina así avisó.
A seis o siete animales
la gallinita asustó.

Con un pétalo bonito
llega Pío-pío, el pollito.
—¡Mamita, no es una nube!
¡Esto es sólo un petalito!

lla lli llo
lle llu

Pollitos y semillas

Mamá gallina llama a sus pollitos.
—Toma una semilla, Pío-pío.
Una semilla buena.

—Dame una semilla a mí —pide
la pollita Pía-pía.

—Sí, Pía-pía. Aquí está
tu semilla.

—Dame más semillas —pide Pío-pío.
Mamá gallina les da semillas
a sus dos pollitos.

7 La ranita

—Cucú —canta la ranita.
—Cucú —sentada en la roca.
—Cucú —repite y repite.
—Cucú —con toda la boca.

—Cucú —canta la ranita,
sentada allá en la laguna.
—Cucú —repite y repite.
Le está cantando a la luna.

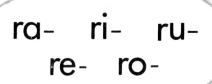

ra- ri- ru-
re- ro-

La ratita Ri Ri

Ri Ri es una ratita.
Es amiga de Fifí
y no le tiene miedo.

Fifí no es un gato malo:
es un gato vago y goloso.
Come toda su comida.
Se toma toda la sopa.
Come pasas y tomates.
Come papas y pepinos.
Casi se come una rosa.
Ri Ri se ríe.

r r r r r r R R R R

Paco y su burrito

Todos corren a caballo.
Paco no tiene caballo.
Ni burro. Ni burra.
Ni burrito.

Paco pasea.
Ve un nido.
El nido está allá arriba.
Paco sube.

Un burrito.
El burro está en el nido.
El burro tiene alas.

Paco le da comida al burrito.
Paco y el burrito son amigos.
Son buenos amigos.

Todos tienen caballos.
Paco tiene un burro.
Todos se ríen de Paco.

El burro corre.
Los caballos corren más.
¡Corre, corre!
¡Arre, burrito!

Paco y su burrito ganan.
¡Viva, viva!
¡Viva el burrito!
¡Viva Paco!

-rra -rri -rru
-rre -rro

La burrita y su carrito

Arre, arre,
    mi burrita.
Arre, arre;
    corre, corre.
Viene el perro.
    Corre, corre;
    arre, burrita, arre.

burra   arre   corre

La perra de Rosita

Rosita tiene una perra.
Una perrita bonita.
Rosita no amarra a la perrita.

La perrita se va.
Corre y corre.
Se mete en el barro.

La perrita llena de barro
está fea.

Rosita la lava.
Le saca el barro.
¡Perrita bonita!

9 El loro Ala de Oro

El pirata Malapata tiene un loro.
Es un loro marinero.
El loro se llama Ala de Oro.
Malapata lleva al loro en su nave de vela.
La nave llega a una isla.

En la isla está un faro.
El loro sube a la torre.
Sube a la torre del faro.

Ala de Oro mira por todos lados.
Ve la arena.
La arena fina y dorada.
Ala de Oro llama:
—¡Oro, oro, un tesoro!

Malapata corre.
Corre y corre.
Casi, casi se mata.

¿Es un tesoro?
¿Sí o no?
No es oro,
pero es un tesoro.
Un tesoro de arena fina y dorada.

-ra -re -ri -ro -ru

El tesoro de Ala de Oro

¡Oro!

El pirata □ tiene un loro.
El □ es Ala de Oro.

□ loro sube a □ torre.
Sube a la □ de un faro.
Mira a □ lado.
No ve a su □.
Ve □ arena. .
La □ fina y dorada.
—¡Oro, oro, un □!
llama el loro □ de Oro.

La ratita Roequeso

Roe, roe, calladita,
la ratita en su rincón.
Roe pan, roe galletas,
come queso y requesón.

Se comió el pan, las galletas.
El queso se le acabó...
Llega el gato. Y la ratita
corre y se sube al balcón.

Corre el gato a la ratita.
Ninguno de ellos volvió.
Y de todito este cuento
¡sólo queda el requesón!

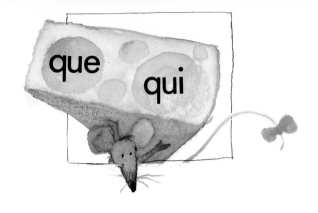

que qui

Queso

Queta sale.
Quiso queso.

Queta come.
Come queso.

—¿Que qué como?
—Como eso.
—¿Que qué es eso?
—¡Queso! ¡Queso!

q q q q q q Q Q Q

La ratita Ri Ri sale de paseo

Ri Ri, la ratita, sale de paseo.
Va a la loma.
Ve una pera.
Una pera madura.
La ratita Ri Ri se ríe.
¡Y no se la come!

Ri Ri, la ratita, va a la casa.
Ve tomates, ve pepinos.
Ve papas, ve pasas.
Se ríe.
¡Y no se los come!

Mira y mira.
Aquí, acá.
Mira y mira.
Acá y aquí.

Ve queso.
¡Queso, queso!
No se ríe.
Se lo come.

cuento

¿Con quién?

¿Con quién está Nico?
Con Cati y Coco.

¿Con quién está Lilí?
Está con Lulú
y está con Loló.

¿Con quién está Quico?
Se quedó solito.

¡Y el cuento se acabó!

quien cuento cuento

Josefina y sus amigos

Cada día el levantarse
el camello Pantaleón
se enjabona la joroba
y se va a ver al león.

Josefina, la jirafa,
se tapa con siete mantas.
Toma cada mediodía
jarabe para la garganta.

El jaguar tiene su jaula
en medio del jardín.
Y come rica jalea
cada tarde Periquín.

Allí metido en los juncos
está el jabalí Carota.
Y cuando termina el día,
se pone a bailar la jota.

El camello Jorobita

El camello Jorobita
se enjabonó la joroba.
Y se fue a dar un paseo
con Jerónima, la loba.

Tomó jalea y jarabe
la jirafa Jirafina.
Y le dijo a Julio, el puma:
—¡Esto sí que es cosa fina!

José, el amigo conejo,
llamó al jabalí Carota.
Y le dijo: —Nos veremos
en el juego de pelota.

j j j j j   J J J J J

12

El ciempiés y la cigarra

El ciempiés va a una fiesta.
Va a ser una fiesta estupenda.
La abeja Cecilia va a cocinar
una comida rica.
La cigarra Celestina va a cantar
lindas canciones.

El ciempiés llega a la puerta.
Pero se va muy enfadado.
Porque vio un anuncio que dice...

No pase sin
limpiarse los pies.

La ratita Celina y la rata Renata

La ratita Celina vive en una casita.
La rata Renata vive en una casona.
Vive en la cocina de esa casona.

La rata Renata va a la casita.
A la casita de la ratita Celina.

Celina le da sopa.
La sopa tiene fideos, tocino
y cebolla.
Es una sopa rica.

La ratita Celina va a la casona.
La rata Renata la recibe.
La lleva a la cocina.
Celina ve cosas buenas:
jugo, pollo, uvas, queso.

Pero ve ¡un gato!
Un gato malo, malísimo.

Celina y Renata se van
a la casita.
Renata lleva queso y pollo.
Celina cocina el pollo.
Un pollo rico.
El gato malo se queda
en la casona.
Celina y Renata comen el
pollo en la casita.
¡Qué buena idea!

13

La pelota de los niños

Beba dice: —Papá, ¿dónde está la pelota?
El papá no sabe dónde está la pelota.

Beba y Tito tienen un bate.
Pero no tienen pelota.
Por eso no pueden jugar.

Felipe, Julio y Rita están en la loma.
Tienen una pelota.
Pero no tienen bate.

Nino se lleva la pelota.

Nino les lleva la pelota a
Beba y Tito.
Beba dice: —Nino tiene una pelota.
Tito dice: —Y ¡qué buena pelota!

Beba y Tito les dan
la pelota
a los niños.

Felipe, Julio y Rita tienen una pelota.
Tienen una buena pelota.
Pero no tienen bate.

Beba y Tito tienen un bate.
Tienen un buen bate.
Pero no tienen pelota.

Tito dice: —Tenemos un buen bate.
Rita dice: —Tenemos una buena pelota.
Todos dicen: —Podemos jugar.
¡A la loma! ¡Vamos a la loma!
¡A jugar! ¡A jugar!

El ratón Botón

Éste es el ratón Botón
que vivía en un rincón
de la casita de Antón.
Tilín, tin, tin, tolón, ton, ton.

Éste es el gato Ron Ron
que nunca pescó al ratón
que vivía en un rincón
de la casita de Antón.

ña ñi ñe ño ñu

La piñata

Ña, ñe, ñi, ño, ñu,
la piñata y tú.

Ña, ñe, ñi, ñu, ño,
la piñata y yo.

Ña, ñe, ñi, ño, ñu.
Dale, dale tú.

Ña, ñe, ñi, ñu, ño.
¡Le di yo!

ñ ñ ñ ñ Ñ Ñ Ñ

85

14 El hada Hadaluna

El hada de las hojas
se llama Hadaluna.
Sale calladita
cuando todos duermen.

Colorea las matas
de varios colores.
Verdes y amarillas
se vuelven las hojas.
Violetas y rojas
quedan las corolas.

De día se acuesta en su hamaca
debajo de un árbol.
Sueña sueños de colores.

ha he hi ho hu

Se ve pero no se oye

La *H* aparece
en *hada* y en *haba*.

La *H* aparece
en *heno* y en *hielo*.

La *H* aparece
en *hilo* y en *hijo*.

La *H* aparece en
hija y en *hoja,*
y en

HUMO

y hasta en

hipopótamo

15

La zorra invita

La zorra al zorrillo
invita a comer:
—Te tengo un pollito
cocinado en miel.

El zorrillo fino
a la zorra azul
le dice: —¡No puedo!
Cómetelo tú.

—No como pollito.
Todas las mañanas
como verduritas
y cinco manzanas.

za
zo

zu

El zapatero

El zapatero
cose las botas,
las zapatillas
y los zapatos.

Pega las suelas,
cose lo roto.
Todo lo puede.
Lo puede todo.

Zapa, zapa, zapatero,
todo cose, pega todo.
Zapa, zapa, zapatero,
todo pega, cose todo.

z z z z z z Z Z Z Z

Los ocho chivitos

16

8 chivitos, camino del mar,
pasan por las cañas...
(Se quedó un chivito
en el cañaveral.)

7 chivitos, camino del mar,
se comen los mangos...
(Se quedó un chivito
allá en el mangal.)

6 chivitos, camino del mar,
se llevan melones...
(Se quedó un chivito
en el melonar.)

5 chivitos, camino del mar,
miran los cafetos...
(Se quedó un chivito
en el cafetal.)

4 chivitos, camino del mar,
ven los aguacates...
(Se quedó un chivito
en el aguacatal.)

3 chivitos, camino del mar,
sacuden olivos...
(Se quedó un chivito
en el olivar.)

2 chivitos, camino del mar,
saborean cerezas...
(Se quedó un chivito
en el cerezal.)

¿Y el número 8?
¡Se comió un bizcocho!

cha che chi cho chu

El cuento de la cucarachita

Ésta es una cucarachita.
Es una cucaracha chiquita.
Una cucarachita bonita.

La cucarachita tiene una moneda.
No es para chocolates,
ni es para caramelos.

La cucarachita toma leche.
No come chocolates,
porque se cuida las muelas.

ch ch ch Ch Ch Ch

La cucarachita se pone
unos moños rojos.

Se sienta afuera
en una sillita coja.

Pasan muchos animales.
Pasa un perro, pasa un gato.
Pasa un toro, pasa un pato.
Todos dicen:
—¡Qué bonita estás!